AF220216

Copyright © 2021 Gregor Graf
Herstellung und Verlag:
BoD – Books on Demand, Norderstedt.
ISBN 9 – 783755 – 716457

zartrosa blüten
wie schmetterlinge
im wind

Gregor Graf 1935 in Bern geboren, lebt seit vielen Jahren im deutsch- und französischsprachigen Biel/Bienne in der Schweiz. Bis zu seiner Pensionierung arbeitete er erfolgreich als Chemiker. Er liest viel, träumt gern, schreibt Haiku und andere Gedichte.

gregor graf

der anfang von etwas

drei zeilen
im hohen
gras

im vorübergehen

kirschblüten
kirschblüten
kirschblüten

da geht sie
lässt sich treiben vom wind
trällert ein liedchen

die eine hand
die andere fand
wohlig und warm

vertraute worte
gaukeln stumm
hin und her

märzsonne
die parkbank ist schon besetzt
primelgelb überall

die hummel
noch eine runde
brummen geht

im ersten licht des tages
löwenzahn wie
tausend sonnen

nur morgentau
im netz der spinnne
heute

die straßenbahn
übervoll
vergnügt der fahrer

ganz unbesorgt
der nachtfalter
den tag verschläft

damals als noch
kutschen knirschten
im kies

schau
unser apfelbaum
wie groß er geworden ist

komm
lass stehen den tee
die aprilglocken läuten

und diese lust
zu tanzen
im warmen regen

die wiese blüht
wohin nur
soll ich treten

wie sanft
der wind
die halme wiegt

das mädchen
mit den blonden zöpfen
den korb voll blumen

die schuhe im gras
alpenrosen
der herr

am wegrand
ein haiku
wilder mohn

unsichtbar
die hand
die mich führt

dann stieg er auf die leiter
pflückte einen apfel
ging weiter himmelwärts

seltsam
engelhaar
in den zweigen

herbstlich
viel gelb wenig grün
auch hellrot und braun

im nassen gras
pflaumen weiß gepunktet
und wespen wespen

vom ginkgo die blätter
nicht zwei sind gleich
und doch – alle eins

es ist zeit- ach
loslassen den sommer
und all das gold der blätter

corona: das konzert am abend
für nachtviolen und
tauben im schlaf

der mond
grad auf der spitze
des kirchturms

im dunkel der nacht
zwei sanfte augen
später sagt sie

tief im berg
dumpf
ein pochen

im schneegestöber
der italiener die hände reibt
eiße maroni ganz eiß

ein junge
schneesterne fängt
mit der zunge

drehorgelmusik
rosa zuckerwatte
da- zeigt der knirps

verzaubert
das kind auf dem
karussell

sie sitzt am fenster
stopft strümpfe
spatzen am futterbrett

warm der ofen
der kater schnell
in die stube huscht

und dann

die stadt erwacht
die lichter verlöschen
eins nach dem anderen

vor der kneipe
die männer
wollen nicht nach haus

am ende der straße
das haus verlassen
hohl die fenster

im gitterzaun
ziegenhaar
weiß und grau

vor dem supermarkt
das mädchen hüpft
hascht seifenblasen

im wind der zettel
fort was ich nicht
vergessen wollte

mittag
nichts regt sich
kein vogel singt

der stuhl
im schatten der platane
ein loch im geflecht

die fliege auf dem dung
wo sie sich wieder
umtreibt heute

der esel
mürrisch
kaut disteln

wohin

im nachtzug
lichter rasen vorbei
sie liest *bahnwärter thiel**

* Gerhart Hauptmann

das kind
die nase platt
an der fensterscheibe

rasch
ein fetzen papier
ein bleistift

einsam der bahnhof
niemand wartet
niemand steigt aus

ohne geräusch
die zeit zerrinnt
tag um tag

und der mond
schlendert flussabwärts
glitzert mir zu

spiel mit mir
scherzt das wort
im schwarzen heft

das haiku
kurz wie der
bleistiftstummel

sie ist allein
schließt die augen
tanzt im nassen gras

und die bäume
wachsen
die vögel nisten

auf dem küchentisch
die notiz bin mal weg
habe den specht gehört

an der kreuzung
blieb er stehen
lauschte

einer hat ihn gesehen
zufrieden bei den clochards
unter der brücke

wer weiß
was mit der mütze geschah
die auf der bank lag

ulmen winken
regen hängt
in den zweigen

der apfelbaum
zersägt am boden
amseln suchen das zuhause

hortensien
der blinde tastet
blaue sagt sie ihm

den atem spüren
malen - nicht blumen
den duft

da steht sie
mit verbrauchten händen
weint

schaut in den spiegel
das glas ist
trüb

am strand
die frau im schwarzen tuch
sucht am horizont

weit draußen
das wasser
dunkel und tief

die kinder schlafen
neumond in der mitte
des himmels

die mutter schält
kartoffeln
eine nach der anderen

auf dem nachttisch
noch die brille
die uhr stand still

wohin nur
all die namen
stimmen

und ich weiß
wohin die reise geht
weiß es doch nicht

Von Gregor Graf sind bisher erschienen:

2014   fünfzig gedichte
        ISBN 9-783732-287987

2015   Haiku im Abendwind
        ISBN 9-783738-624113

2017   leichter als ein schmetterling
        ISBN 9-783741-292286

2018   nichts weiter
        ISBN 9-783752-812961

2020   drei zeilen nur ein wenig wind
        ISBN 9-783752-611069

Herstellung und Verlag
BoD
Books on Demand
Norderstedt